Here are twelve new Poems. Why twelve, you ask?

Twelve Apostles
Twelve Jurors
Twelve Months
Twelfth Night
Twelve hours

It's ten plus two!

The New Scottish Poems

The Hielan Coo

The Hielan Coo sae braw and true
Wi' coat sae wild an' mane sae due
Nae clippers dare, nae shears ensue
Yon hairy beast, ye cannae prune

The Hielan Coo, a pictur'd gem
Adorning bar o' toffee them
A smiling face in fame's bright hem
It ken's it's charm, a crown'd emblem

The sheep an' goats, they covet glory
Yet, against the Coo, they tell no story
"Away ye go," says Coo, most hoary
"Fur, I'm the star o' Highland quarry

Unique among the herds, I stand
Wi' locks that dance like untamed birds
Handsome an' grand, beyond mere words
The Hielan Coo, in fame, immersed

The Loch Ness Monster

It's Nessie he cries
Wi' eager eyes
The cameras a' click
In a frenzied click

The tourists convene
Some sit by the green
The Loch's depths do hide
But Nessie, she'll bide

The legend lives on
Wi' tease an' a pawn
The Asians they cheer
Their lost bairn is here

Young Nessie's to reign
In Toon's ancient lane
Real or a jest
She rises, nae rest

The Isle of Skag

Upon the isle where Skag does bide
The Norsemen cam wi' muckle pride
They claim'd the lan' by Scottish tide
An' a' was lost tae me

The crofters wept; their hearts did break
The Viking hordes their peace did take
Fair lassies ta'en, nae mair to wake
An' bairns o' gold an' blue

Ae ship they burned, twa men did hing
A gruesome sicht, a deadly thing
The fear it spread, ilk heart did cling
An' nane could dare tae flee

But aft they gaed, the Norsemen fierce
Leavin' ahint a tale that pierce
Big Mag, she swore wi' heart sae fierce
Tae rule o'er bonnie Skag

Wi' strength anew, she took her stand
An' led the folk wi' steady hand
Through a' the trials, through a' the strand
Big Mag, the pride o' Skag

The Clatty Clan

Nae water, nae soap, ye ken
They reek, an awfu' smellin' men
Deodorant, they've nae plan
They are the Clatty Clan

Nae comb, nae shed, the hairs a tangle
Wee lassies locks, a dirty jangle
Her bed was wet, and her cheeks dangled
In sorrow, nae nae spangle

They huddle tight in a single bed
Bad breath, bad teeth, so frail, so dread
The linens were stained, the muck widespread
Nae luxury for them, instead

The school did grumble an' did declare
"Och gie us peace, we cannae bear,
Wi'out a hope or single care,
For soap, they've nae mair

Nae breeks, nae braw, nae single pair
Their feet sae black, shoes worn, threadbare
They trudge through life wi' nary a flare
The Clatty Clan, beyond compare

The Laird Cast Out

The English loons, they stole our lands
Wi' treachery and cunning hands
The lion rampant, bold and grand
We'll win it back again

Fae faithers hand to son it passed
The kings, the queens, their rule held fast
The auld Duke's power it could not last
Our hearts were ne'er forsworn

To save our home, we fought sae brave
The Highlander lads, they filled the graves
The red coats swarmed our land to save
We'll fight wi' heart and hand

Let's tak it back; wi' might attack
A Scotland free, we'll never lack
Wi' sword and shield, we'll clear the track
Our freedom we demand

Brave Wallace rose, wi' courage fierce
His followers were faithful; they didna' cease
Cast out the lairds, their hold release
We'll claim our rightful lands

My Sheepdog Shug

My collie black an' white sae braw
Whit a wally he is, nae flaw
He chases coo's, they a' tak flight
Hey, gather the sheep, by day or night

His name is Shug, my collie dug
Wi' a heart sae big, an' a friendly hug
Daft as a brush, but loyal and true
My best pal Shug, o' bonnie hue

The collies come, and the collies gae
Each ane remembered, ne'er to fade
But Shug he bides within my heart
Nae ither collie tak's his part

He crouches low, the sheep they know
It's time tae gang, tae move again
Shug nods, and they follow, nae need tae fear
Wi' Shug the shepherd, they haud dear

They work, they run, in sun or rain
It's a' just fun, nae tail, nae pain
The sheep stay tight, a' kept in line
By Shug, the sheepdog sae fine

The Wee Gamekeeper

I am the wee gamekeeper
On the auld Lairds lan'
The English kings an' lords sae braw
Frae Scottish clans it wan

The poachers come tae fish
They shoot the bonnie game
They steal the eggs, an' whiles
A lamb they tak the same

But I stand firm, a guardian of this land
and its creatures
The salmon swiftly rin
A deer's puir carcass left ahint
The hare aye keeps wi' sin

They keep coming, still
Upon this great Estate
They kill for sport an' pleasure
I fire my gun wi' hate

The Clydesdales

A michty steed, sae braw an' gran
Wi' friendly gaze an' hooves sae stane
Their muckle tails an' gentle mane
Frae water pails they drink wi' glee

In days o' yore, they ploughed the fiel'
Nae fecht wi' kye, nae harsh appeal
The Clydesdales ruled, sae strong an' leal
Wi' power an' grace, they kent their weel

They kent their strength, yet kind an' douce
The daft young lads wad them espouse
Bareback they rode, in wild carouse
Wi' thrills that only youth allow

Then cam the tractors, loud an' braw
The days o' Clydesdales seen in raw
Their noble service, name foresaw
Wad fade awa,' and be nae mair

The Lorne Sausage

Wi' beef or pork, an' fat sae braw
A simple sausage truth we draw
The Lorne, square an' canny neat
It costs less per pound, a thrifty treat

The Lorne's a treat for a' to share
On a roll or breid, it kens nae mair
Add tattie scone, an' HP sauce
A breakfast fit for a king or laird

Wi' bacon fair or ham beside
My wee brIther stole wi' pride
The rascal laddie, sly an' slick
He's sic a wee bam, sly an' slick

The Lorne, with its unique taste, is the best
Better than all the rest
Just grill it clean, nae mess at hand
Hey, mind yer good dress ye fair guid dame

The Tenement

The tenement took on a life of its own
The white wally closes, done up wi' pipe clay
The wee room and kitchen, close and tight,
Families all piled in

The singers they sang magnificent tunes
The ragman clattered plates like loons
All out in the backcourt friendly fray
The wean wants a balloon

The famous old cludgies, with their drafty charm
Newspapers tae keep ye warm
I had a good read
Then pulled on the chain

Fresh rolls, tattie scones, a treat to eat
Sliced ham, a modest yet sav'ry meat
Ice cream at the tally's, a sweet delight
Messages at the Co, a thrifty plight

The tram car was so good
"Fares, please," don't be rude
Get on or get aff, nae time tae dawdle
Conductress was boss, always time fur a laugh
The four of us slept in one double bed
Like sardines, we lay every night
The lads and the lassies, close by we lay
A family snug, at the end of the day

Big Red

Ah, I grew up wi' locks o' flame
Wi' mony a night I wept in shame
The taunts and jeers, they cut sae deep
No mirth, nae cheer, just tears in sleep

To grow up strong, it was nae sin
I fought at night, the games to win
Wi' rugby's might and heart sae bold
Through stormy nights, I ne,er grew cold

My hair ablaze, a fiery mane
A beard that grew like wild terrain
The Highland games, my valor shown
I made my name, my might well known

Wi' kilt a' swirl, nae shame to hide
A warrior's pride, I strode wi' stride
Big Red, they'd call, my hue sae bright
The lasses gasped, and the lads took light

The Wild Side

The craws they caw, the magpie's prance
The foxes are bold; they slyly dance
In city streets, they bide their chance
For a feast so rare

They lie in wait, a patient trance
For a plump woodpigeon unaware

The blackbirds sing, the sparrows peck
The foxes they are in shadows check
The cats, they watch, their nerves a wreck
Fae yon keen gaze

A deer or twa might chance a trek
Too late, the foxes dour and craze

I watch this scene frae my wee window
A city tale, wi' natures show
Nae rural charm, yet life doth flow
In urban glen

Wild beasts traverse where we do go
A hidden world, unseen by men

Is it Art

Some lines on a canvas
Others draw Elvis
The paint runs across
The splotches are red

I draw a big dot
He paid on the spot
Paint sea, what a bore
I am sick to the core

Yellow house in the country
VvG cut off his ear
The vase full of flowers
Throw them in the showers

The black silhouette
Just pay me the money
Paint the sun and the moon
She will pay pretty soon

Rectangles, triangles, and round funny things
It cannot be art
I'll throw a dart
And buy it all at Walmart

www.ingramcontent.com/pod-product-compliance
Lightning Source LLC
Chambersburg PA
CBHW071942020426
42331CB00010B/2976